The Day I Became
a Superhero

Balboa Press books may be ordered through booksellers or by contacting:

Balboa Press
A Division of Hay House
1663 Liberty Drive
Bloomington, IN 47403
www.balboapress.com
1-(877) 407-4847

Because of the dynamic nature of the Internet, any web addresses or
links contained in this book may have changed since publication and
may no longer be valid. The views expressed in this work are solely those
of the author and do not necessarily reflect the views of the publisher,
and the publisher hereby disclaims any responsibility for them.

The author of this book does not dispense medical advice or prescribe the use
of any technique as a form of treatment for physical, emotional, or medical
problems without the advice of a physician, either directly or indirectly. The
intent of the author is only to offer information of a general nature to help
you in your quest for emotional and spiritual well-being. In the event you use
any of the information in this book for yourself, which is your constitutional
right, the author and the publisher assume no responsibility for your actions.

Any people depicted in stock imagery provided by Thinkstock are
models, and such images are being usd for illustrative purposes only.

Certain stock imagery © Thinkstock.

ISBN: 978-1-4525-3847-1 (e)
ISBN: 978-1-4525-3848-8 (sc)

Library of Congress Control Number: 2011915358

Printed in the United States

Balboa Press rev. date: 10/03/2011

The Day I Became a Superhero

A true story of a seven-year-old girl who experienced a superhuman power following a fatal car crash.

Honi Borden

BALBOA.
PRESS

A DIVISION OF HAY HOUSE

Reviews by Children

"Ommeh's story reminds all of us that inside each person is a superhero just waiting to come out. If you have love in your heart, anything is possible."

—Rosie, thirteen years old, from Nevada

"Each of us wonders sometimes why we were born. Ommeh's story lets me know that each of us has a special mission in life, even though we don't always know what it is."

—Dane, thirteen years old, from Nevada

"I really more than loved it. It made me feel happy the way the story ended because Ommeh's parents were alive. At first I didn't believe that Ommeh could drag her father from the car, but I realize now that if you really want something, you can make it happen."

—Lola, ten years old, from California

"I love the story and the way Ommeh gave a message to the reader that if there's something that you know you have to do, you have the power to do it and no one can stop you."

—Setareh, ten years old, from Virginia

"It was a heart-touching story. People, especially children, should really read it and learn from it. Also, the way that Ommeh rescued her father from the car really inspired me to know that if I am ever stuck, I know that the superhero in me can rescue me."

—*Kiyan, ten years old, from Maryland*

"I really liked *'The Day I Became a Superhero'.* I liked this book because it made me feel as if I am a Superhero too. If you are an adult or a kid and like to read books, this is the right book for you. On a scale of zero to ten, I give it a perfect ten because it was awesome."

— *Sean, ten year old, from Maryland*

"'*The Day I Became a Superhero'* made me feel interested, surprised, and empowered, and I recommend all kids and adults to read it. I felt like I could do the same for my parents if we are in a situation like this."

—*Gabe, nine years old, from Maryland*

"In *'The Day I Became a Superhero',* I like how Ommeh did not get hurt even she was in a bad car accident. I learned that if I believe in myself, I can do something special."

—*Hannah, eight years old, from Maryland*

"I loved this book because it had lots of details in it. I loved how Ommeh rescued her dad like a real superhero. This book made me feel happy and other kids my age should really read it. Adults will like it too. It is really cool that Ommeh is my MOMY in real life."

—*Nevan, seven years old, from Maryland*

Reviews by Adults

"I find '*The Day I Became a Superhero*' raw, real, and very inspirational. It's relevant for both adults and young children—for us to realize our amazing potential and the miracles we are capable of achieving. It's easy to focus on all of our flaws, but what this story reminds us of is our true essence, when we can tap into it, is unbelievably powerful. And that essence is within us; we just have to allow it to manifest."

—*Prea Gulati, PhD assistant research professor, Dept. of Global Health, George Washington University*

"Borden, as a young girl, discovers an inner strength and knowingness that we all have access to. An empowering read for both children and adults."

—*Joan Fowler, Practitioner and Mentor, Reconnective Kids and The Reconnection*

"'*The Day I Became a Superhero*' is a thrilling and fantastic book that fills the reader's heart with inspiration and a child-like magic! Honi Borden's story pulls her readers into a world of warmth, family love, friendship, loyalty, personal tragedy, determination, and inspiration. She gives her readers a first-hand experience of extraordinary courage and exceptional power inspired by love and divine illumination. At seven and half years old, Borden is able to move beyond the normal laws of nature and find within herself, in that critical moment, her hidden *Superhero* raising out of love into the next level of evolution and power in order to save the lives of her family. Whether you believe in a higher power or just the power of love and inspiration, Borden's recount of her life-altering experience with those super-human forces, pulls the reader into a series of mental images and pictures that linger within us emotionally long after the story is told until the end. Written as a kids inspirational story, Borden's message resonates with adult readers by helping us cross the boundaries of agelessness and once again touch the hand of our inner child, and the hidden face of our higher power."

—Raymond Q. Holmes, Founder/Director of Quintessence Institute—teaching the Art of Sehaj

"I am touched by *'The Day I Became A Superhero.'* Riveted and torn by the reality and authenticity in which Ommeh processes her in the moment transformation. Ommeh shared with us a revealing of light in the face of darkness and certain despair. A childs love for the joys of life like playing with her family and friends, the observations of the curiosities of the world and her many questions that open our mind. This is what it means to witness the living path of a super hero that is in all of us. What is most touching about this superhero story is the surrender of power and full embrace of grace once they were no longer needed. In her own sweet and beautiful way Ommeh has shown us all how to embrace our own super hero powers from that warm sensations inspired by hope to act in the face of danger. That is to accept help and love from strangers, to speak with an open heart about powerful experiences that we cannot explain. To allow our very-human power of compassion to be supported by a super-human power like grace in the time after the crisis when all there is to 'do' is wait is the beautiful bow on the gift this story offers. We can all learn a lot from this humble story of a little girl lived, loved, and discovered the super hero within."

—David "StarrTouch" Anderson MA NCC, Master Hero Couch, Founder of Get Help Now and Survivor To Hero™

"'The Day I Became a Superhero' is intense and beautiful. Recognizing that this story is based on Honi's real life experience allows the idea of what a "superhero" is to evolve from just a concept depicted in

movies and comic books to the reality that we all are "superheros" especially as heart centered beings. Honi's description of the feeling of electricity and strength that filled her seven year old body at the moment of tragedy INSPIRES us all to recognize the great possibility we have to harness this strength that comes from the most powerful part of us—the heart. Thank you Honi for sharing your story."

—*Maryam Ovissi, co-owner, Beloved Yoga, Yoga Teacher, Artist, Curator*

"Honi Borden's miraculous childhood experience is riveting and an important one to share! It had me spellbound. I will recommend this unique children's book to all of my patients."

—*Phil J. Tavolacci, founder of TAVO Total Health*

"Everyone needs a hero. From the time we are small, we seek them out . . . and very often, our childhood heroes come costumed in make-believe outfits with fancy names. Honi Borden, in her beautiful and compelling story, gives her readers a great gift: Through her own terrifying experience and subsequent triumph, she shows us firsthand that we are each the biggest and brightest and most powerful superheroes in our own lives. The gifted Ms. Borden reminds us that, through the power of intuition, trust, love and belief, each of us can access our own inner superhero and "she" will never let us down. In today's culture, where girls (and women) often forget the strength of their own SELVES, *'The Day I Became a Superhero'* shows all of us what true heroism is! It's on my list for my own children AND all of my clients!"

—*Karen Schachter, Holistic Health Counselor, CEO of Dishing With Your Daughter ™*

Honi Borden's intensely detailed descriptions in this book not only allow the reader to become draw in with every sentence, but it also strikes a sense of familiarity with the depths of our soul. Using a story format to teach children about the power that lies inside of us that can be tapped into at any time is inspirational, devotional and will help lay the foundation for our next generation of light children.

—*Tanya Colucci, Owner Synergy Personal Training Solutions in Washington DC*

" *'The Day I Became a Superhero'* is a miraculous true story that should be shared with young children, teens, and adults alike to instill in them the amazing power we all have within. Honi's personal account of surviving a car crash 30 years ago, and saving her father's life, is inspiring and uplifting. She proves that when people understand and utilize their inner strength, opportunities in life become limitless because fear is not an option. Just look at Honi's life today! "

—*Michelle Delino, PR Consultant and mother of Robbie, 10 years old.*

"*'The Day I Became a Superhero'* sends an important message to readers about perseverance and believing in yourself. It proves that anyone, no matter how small, can make a difference if they choose to."

—*Tara Norton, Public School Teacher, Maryland*

Borden's tragic story is moving, inspiring, and honoring. Through the heart-wrenching, thought-provoking depiction of the pivotal event in her life, people can come to find their own internal power that can guide them in their lives. *'The Day I Became A Superhero'* is sure to bring its readers to experience joy, pain, inspiration, and enlightenment. The story is a testament to the amazing abilities we can all bring forth in times of need."

—*Danielle Zanzarov, CEO and chief wellness coach for 4 Health, Inc.*

"Honi Borden's bravery as an author is unmatched as she exposes a painful car accident that nearly left her orphaned as a child. As you immerse yourself in Borden's life as a young girl growing up in Iran, you discover a universal truth—inside each of us is an angel of power; insurmountable power that is locked away, asking to be freed. Children and adults alike can learn from Borden's courage to summon the power within."

—*Stephanie Goetsch, CEO of HerExchange*

"'*The Day I Became a Superhero*' is a book that just might change your perspective on life. Whether you are a believer in a higher power or just love a good story, Borden's recounting of a life-altering event is both straightforward and an easy read. Like a good mystery, the story begins on a suspenseful note and doesn't let up until the very end. Although written as an inspirational story for kids, the message is a clear wake-up call for all ages to get in touch with their inner power."

—*Val Cavalheri, editorial manager,* I Am Modern *magazine and founder of Cavaleri Photography*

"'*The Day I Became a Superhero*,' is a powerful, inspirational message for all of us and not just children. We are facing increasingly complex challenges and we tend to overlook the vast powers that lie within us-- waiting to be unleashed. This is a remarkable book reminding us to believe in ourselves and we will overcome nearly every adversity."

—*Ted Woronka, Government Excucutive*

Acknowledgement

I would like to acknowledge the power of the universe within my true alignment that has illuminated my path of awakening. I am deeply appreciative that my sons, Kiyan and Nevan, helped me see life through a new set of eyes within the center of my heart. I am equally thankful to my amazing husband, Karl, who has been a true grounding force, giving me unconditional love and space to expand and become who I am today. My incredible mother, Fakhrozzaman (Zaman), is my hero and biggest supporter, who reminded me that every choice I make is always the perfect choice, because I chose it and I will learn from it. My father, Gholam Reza (Eza), passed on his strength of organizational skills and the teachings of non-conformity for which I am indebted. My fabulous brother, Reza (Gogol), has been my greatest role model, expanding beyond his potential and being a bright light, always helping me reach for the stars. I am forever obliged to him. I cherish my grandmother's (Madarjoon) words of wisdom to always be a true lady and live a gracious life. Her spirit resides lively everyday in my heart.

I would like to extend gratitude to my incredible soul family on earth that provide powerful light from their inner strength, wisdom and clarity. I am equally grateful for every single friendship, I have had over the years, as all encounters have helped to fashion the evolution and expansion of my life. I am also deeply thankful to my enlightened teachers, for playing such a role in my spiritual journey. I am honored to have had the opportunity to study with all of you and share the gift of this life experience in such an incredible time of human history. Finally, the following sequences have influenced my journey along the road to becoming an inspired author: I am deeply appreciative for Abraham's *Art of Allowing Teachings* that was guided into my experience-- reminding me to Allow and Create; I am forever grateful to Dr. Eric Pearl's courage for sharing his discovery of *The Reconnection*, which led me to become trained as a Reconnective Healing Practitioner where I connected to my life path's purpose; and at last, I am extremely thankful for Louis E Hay's inspirational daily affirmations that gave me the courage to publish my first children's book.

Honi Borden's Notes to Adults

As a mother of two fun-loving, and super-energetic boys, Kiyan (ten years old) and Nevan (seven years old), I feel deeply honored to have been given a chance in this lifetime to experience motherhood and see the world through their innocent eyes. Both of my sons have played an important part in reminding me *Who I Really Am* and what my purpose is for being here. Through their gifts of pure positive energy, unconditional love, and direction, I have had the privilege to reunite with a sacred moment in my life that has given birth to the creation of **The Day I Became a Superhero**.

I believe with all my heart that people of all ages who read my story will walk away with a new profound perspective about their past, present and future experiences. My message about Inner Superpower is especially important for any child who has experienced-- or is experiencing-- challenges, traumas, and tragedies, or children who simply have big dreams they wish to turn into reality.

When word got out in my local community that I had written an inspirational children's book, many people wanted to know the motivation behind such a shift in my direction, and how I suddenly decided to become a writer. It was surprising to them, and at the same time, they were incredibly excited and supportive of this new chapter in my life. I wanted to give them a simple answer, but to fully capture the essence behind such profound inspiration, I felt the need to tell the whole story.

Let me begin by sharing that writing a children's inspirational book or *any* book was not consciously in my awareness or part of my future plans. Although expressing my emotions has always come to me naturally and with ease, writing has been anything but natural. Since English is a second language for me, I would always ask my husband to double-check my writing before turning my papers in during graduate and post-graduate school, as well as all important business-related writing materials.

In the past five years, numerous synergistic incidents were taking place where something was already happening that I could feel was part of a greater purpose, but what exactly, I did not know. With each experience, my consciousness was expanding, and I was becoming more awakened. During this period, I began to study energy healing privately with a very special spiritual teacher, Dr. Suchinta Abhayaratna, to whom I am deeply grateful for taking me as a student and holding a space for me to *become* connected to my inner self. Throughout my studies, I was feeling an incredibly powerful sensation of "knowing" something big was on the way for me. I could not explain it because it lacked form, shape, and clarity, yet the feeling in my heart was unmistakable. I was feeling very joyful, happy and light, and things were falling into place. Life was getting easier, while struggles were vanishing. I could tell I was getting closer and closer—but to what, I had no idea. I was simply feeling amazing about the mystery of what was coming. Occasionally however, I would become frustrated from the anticipation and my wise teacher would say to me, "Honi, patience, my dear. You will *know* it when it shows up in your experience."

Between May 2010 and January 8, 2011, I had several profound experiences that made me *feel* and *think* each time that maybe it was the big thing. I was becoming more expanded and attuned within myself as I was also feeling a greater connection to shifts taking place on earth.

In October 2010, I had gone to one of the major bookstore chains to look for an inspirational book for my sixteen years old, who was experiencing troubles on her path and was in a dark place. I was looking for a self-directed book that was non-religious and guided readers to their own light as a powerful creator. The gentleman who was assisting me noted that to the best of his knowledge, a book like that for children did not exist, but it would be wonderful if someone wrote it. He searched the computer further to be sure and replied, "I have a question: Since you are looking for a book that does not seem to exist yet, why don't you write it?"

I smiled—more like laughed—and blushed uncomfortably yet excitedly. Writing had never been my friend, and the idea sounded wild. Looking back at that moment, I realized that an important seed had already been planted by the universal forces that I was unaware of. A book was on its way into my experience. I just had to bring myself into alignment so it could become. The exhilarating bubbles of high vibration energy had embraced me all throughout the month of December, especially on sacred New Year's Eve 2010, and the week that followed. I felt incredible on the inside. Anyone who crossed my path during that week wanted to know why I was illuminating.

On Saturday morning, January 8th, 2011, I was awakened by a profound internal voice inviting me to reveal the details of the fatal car accident I was in at the age of seven and a half years old. The voice guided me to share my story in a form of children's inspirational book to highlight the *superhuman* potential that resides within all mankind. I was speechless when the words, "You Are Now Ready As a Teacher" were said to me. I knew in that instance, at a cellular level and deep within my soul, the moment I had been anticipating had revealed itself and that my life would completely shift.

While standing by the side of my bed, I felt dizzy, hearing this prevailing inner voice, and I could hardly stand up straight or catch my breath. I looked at my husband and said, "Karl, I am receiving guidance and being asked to write a children's inspirational spiritual book." Karl and I have been together for eighteen years, and he has always been there for me as a true best friend and life partner. This was a voice that I had become familiar with over the last thirty years after the accident, but had kept it private from others with the exception of Karl who was aware of the clairaudient experiences I would occasionally have. Thus, when Karl heard my voice and saw the tears build up in my eyes, he said, "That is wonderful Honi. Go write a book. I am excited for you."

I looked deep into his eyes and said, "Karl, you don't understand. I am being asked to reveal the details of that car accident I was in with my parents, back in Iran." It was then that I had gotten Karl's attention. With his eyes wide and a serious look, Karl said to me, "Wow, Honi. You do what you need to do, sweetheart, and I will take the boys out of the house so you can have all the time you need to process what is happening. I know this is huge and you need quiet time by yourself."

It is important to note that until this moment, I had *never* spoken about the details of what happened during this car accident with anyone including my parents. Even Karl did not know the full details, but he knew that I had experienced something profound when I was seven and half years old. Some may wonder why I had not talked about this before, which is a very good question. All I can say is that the experience itself was beyond words to fully comprehend and express at such a young age. In addition, both of my parents were hospitalized with serious injuries. Naturally, all the attention from my immediate and extended family was focused on my parents' full recovery. Since I was miraculously unharmed, I was considered to be lucky and there was not a need to discuss what I had experienced. As a result, a nourishing environment for sharing or exploring the phenomenon I had encountered was never created in my childhood or in adulthood.

When I heard this inner voice, I knew that the universe had knocked on my door guiding me to serve my life's purpose. The voice was direct, powerful and loving. It had a profound presence about it which made me feel like bowing my head in acknowledging its golden gift. I felt fully present as my heart was pounding fast and electrifying energy was running through my body. I went down to my office and sat in front of the computer monitor gently resting my palms on the keyboard. I observed my fingers beginning to type as my awareness traveled back to that faithful day.

My memory was crystal clear, and I could feel—more like relive—the experience of that entire day. I could feel tears were pouring down the sides of my face like a river that released intense built up emotions. I felt the rhythmic sound of my heart all over my body. My breath was erratic, and my body felt hot, covered with sweat, while my mouth was completely dried up. I visited a magical scene so profound that I could never put into words as a child up until now. I observed myself inside the car and watched the accident take place and I was no longer present in my room.

When I finished typing, I felt as if I had re-entered my body and I took notice of the time, which was three hours later. Time seemed to have slowed down as if I was coming out of anesthesia. I witnessed my fingers on the key board shaking uncontrollably and my body shivering. I felt the chair and slowly leaned back into it. While looking straight ahead at the screen monitor, I suddenly had the insight *knowing* that I was ready to own my true gift in this life time. I fully understood *why I had come to earth, why I experienced such a phenomenon and what purpose I had.* With this instant spark of light, I felt the universe nourished my entire being by wrapping its arms around me holding me tight and showering me with unconditional love. A truly indescribable discovery!

Feeling totally energized, I printed a copy of what I had written and came upstairs to see my family. I immediately saw Kiyan, my oldest son sitting on the couch watching TV. Being concerned, he asked why I had been crying. I shared that I was not sad, but relieved from the emotional release I had experienced. I went on to explain that I had just written the full story about the time that I was in a fatal car crash as a child, and all of the emotions from that time had come up. I asked Kiyan if he was interested in reading the story. He hesitated for a second and said, "Yes, Mommy. I would love to read your story."

We both went into the study room and sat on the chairs across from one another. Kiyan held the papers in his hands and took a deep breath as he began to read out loud. I watched his body language and listened carefully as he read every word. The soft expression of his face quickly shifted as the story unfolded. I saw the elements of curiosity, fear, shock, disbelief, sadness, frustrations, relief, joy, happiness, and excitement all being shared on his face, in that thirty minute reading. Tears begun to well in his eyes. I was also getting emotional, watching him read my story and feeling the power of his emotions inside of me. When he finished the last word, he jumped towards me, throwing his arms around me, holding me tight, and said, "Mommy, do you understand why you did not die then? Wow, Mommy, it is because you are supposed to share this story with all the kids in the world. My friends will love to read your story and you can *now* really help a lot of kids." I felt exactly the same as Kiyan did and knew in the depths of my heart, the new chapter in my life had begun where I can truly serve the greater purpose in life.

The last thing I would like to share with you is that for many years, I wondered why my entire memory from second grade until third grade was erased. What could have happened in that year that caused me to not remember anything? While I was always aware of the accident in my mind, I never made the connection to the memory loss in second grade until the morning of January 8, 2011. On this amazing day, I finally realized the simultaneous state of fear and love that I faced instantly following the accident, gave rise to a rush of high voltage energy inside my little body transforming me into a supreme state of being that I never considered possible. The trauma of the accident, in conjunction with the new found discovery of *superhuman power* was so profound that it took an internal dive buried deep into my subconscious resulting in partial memory loss. The radiance of this experience however, had never left me as it was to rise when I was ready to honor its true gift as a *Guide of Light*.

With this new exhilarating insight, I suddenly saw my life flash before my eyes and the uncertainty I experienced over the past thirty years became clear. I cried and sobbed as I felt healed on all levels of my being. For the first time in my life, I truly felt free as if I had become air with no weight holding me down. I was one with the universe and the universe was one with me. This elevated state of awareness allowed me to *see* the perfection in the imperfection of my life's experiences. It explained the challenges I faced, the individuals I befriended, the jobs I took, the education I sought, the man I married, the children I gave birth to, the businesses I created, the workshops I taught, the teachers I studied with, the healing path I took, the spiritual circle that came to my life and the inner voice I continuously heard. All of these life experiences were a passage to supreme treasures hidden within me that I had discovered as a child. I realized that all this time the universe was generously illuminating the path for my re-awakening so I could serve humanity from that sacred placed. Now that I have shared my journey with you, let me begin with my first memoir, ***The Day I Became a Superhero.***

With love and eternal light, Honi

Reference to the Names

In this book, the names used are shortened versions of actual names. For example, my full name is Ommehoni and **"Ommeh"** is the main character's name.

My mother's name is Fakhrozzaman, and **"Zaman"** is used for her name; my father's name is Gholam Reza, and **"Eza"** is used for his name.

My brother's full name is Mohammed Reza, but he was always called **"Gogol"** (named after the Russian writer by my mother) growing up, thus, Gogol remained as his name.

My father's mother was always called "Maman Bozorg," and that also remained as her name, but only as **"Maman"**. My mother's brother, Abdol Ali, is named **"Abli."**

My best friend growing up was Arezo, and **"Zu"** is chosen for her name in this story.

My cousin's names are Nafiseh, Sepand and Naseem. **"Fiseh"**, **"Sepan"**, and **"Assem"** are used instead.

The Day I Became
a Superhero

*A true story of a seven-year-old girl who experienced a
superhuman power following a fatal car crash*

"What a strange dream!" Ommeh said to herself when she woke up the
morning before the big trip. "Hmmm. I wonder if I should tell Mom."

Seven-and-a-half-year-old Ommeh had spent the night at her cousin's
house with her parents in the city of Esfahan, the third largest city in the
country of Iran. They were on their way to Shiraz to see the ancient ruins
of Persepolis. Ommeh was feeling so happy, she could hardly contain
herself. Her dream of visiting one of the oldest civilizations in the world,
the one her mother, Zaman, had shared stories of, was finally coming
true. For a long time, Ommeh had created drawings that depicted the
temples, pillars, and carvings of the lion and other figures related to
the ruins. There was something so fascinating about the ruins in Shiraz
that Ommeh had a strong desire to see them. Although she had been
anticipating the trip for a long time, for some reason, something did not
seem right that morning, especially after the strange dream she had.

Ommeh had a brother named Gogol, who was nine years old. She
loved her brother very much. Not only did she play with him often,
but they also fought like cats and dogs. Ommeh idolized her brother
and did everything he did. She did not play with dolls or other girls
in the neighborhood, except for Zu, who was one year older than her.
Ommeh was a tomboy and enjoyed playing sports such as soccer and
swimming. She especially loved climbing trees and riding her bike with
the rest of the kids. The neighborhood boys had accepted her as one of

the guys. When they picked teammates, Ommeh was usually the first chosen, because falling and getting hurt did not bother her.

Ommeh and Gogol often went on trips with their parents. They especially loved going to Sade Karaj, a reservoir water dam, where they would water-ski and go fishing. On this trip, however, Gogol had decided to stay back in Karaj, the city where they lived, with their grandmother, Maman, who was their father's mother. Karaj was a six-hour drive from Esfahan, so they would have an overnight stay with relatives on the way to Shiraz. Zaman and Eza, Ommeh's father, could not understand why Gogol did not want to go on the trip with them. Gogol had insisted the trip by car was too long for him, and he would rather keep Maman company. Gogol's request to stay behind felt strange to everyone, but because he was persistent, Zaman and Eza agreed that he would stay with Maman. Ommeh felt confused and sad that her brother would not be with her.

Early on a beautiful, sunny spring Sunday morning, Ommeh's family had just finished eating a full breakfast. Ommeh had so much fun playing hide-and—seek with her cousins, Fiseh, Sepan, and Assem, who were nine, seven, and six years old. It had been nearly three years since she had last seen them, and spending the night was exceptionally special to Ommeh. After breakfast, everyone helped pack the car and blessed Ommeh's family for a safe trip to Shiraz, an eight-hour drive on a quiet, two-lane road in the middle of the desert accompanied by the Zagros Mountains. Ommeh hugged her cousins good-bye and told them she would take pictures to show them the ruins that she would finally get to see for herself.

On this special morning, Zaman was driving the family's brand-new brown luxury sedan—the 323i BMW. It was the latest model and had been imported from Germany. Everywhere they went, people stared at this new exotic car. Eza had a passion for expensive fast cars, especially ones with great stereo systems for the music he loved listening to. This one was his favorite car because it was from Germany, where he went to school to become an industrial engineer. Zaman, on the other hand, only drove locally and stayed away from driving fancy cars. So it was strange that Eza had decided to have Zaman drive on this morning while he rested in the car.

Ommeh thought, *That's strange! Baba never lets Mama drive his cars, especially the BMW. He is the best driver and he even races cars, so why would he ask Mama to drive? He always complains when she drives.* Although she felt uneasy, Ommeh did not dare ask her father, because she was too afraid of him; Eza had a loud voice and a very short temper. What Eza said in the house was the final say, and no one challenged him. Ommeh and Gogol had learned not to upset him by questioning him.

Zaman, on the other hand, was a school teacher. She was gentle, fun-loving, and the nicest mother they could ask for. Zaman loved being a second-grade teacher. She enjoyed laughing and having fun with her students. Kids loved Zaman very much because she allowed them do whatever they wanted in class. This was troubling to the principal and other teachers because the rules were never followed. Zaman believed children learned better through laughter.

Early in the drive, Ommeh began feeling butterflies in her stomach. She could not make sense of this feeling of uneasiness. Ommeh thought she was getting carsick, so she looked out the window at the mountains to her right. Her mind raced with thoughts: *Wow, those are really tall mountains. I wonder how this road was built in the middle of these big mountains. Why are mountains here anyway? Why are they sticking out from the ground? That's weird. What if there are mountains underground too? Would they look the same? Did someone make mountains? That would be a lot of work!*

Ommeh was excited about everything she observed around her. She was curious about things and was fascinated by how they worked, so she asked her parents a lot of questions. They loved that she wanted to learn so much, but at the same time, the questions drove them a little crazy, because they didn't always know how to answer her. Ommeh's mother had a lot of patience. Her father, however, could only handle a few questions before shouting for her to stop. This never stopped Ommeh from asking, though.

It was nearly noon when Ommeh awoke from her nap. She rubbed her eyes and held on to her favorite pillow from childhood as she sat in the back seat. Her seatbelt was unbuckled while she had taken the nap. Out of nowhere, the butterflies in Ommeh's stomach became very strong, and she felt she might vomit at any moment. But she was feeling something more awful than vomiting.

The next few seconds seemed to happen in slow motion, but in reality they occurred in a blink of an eye.

As Ommeh looked at the road ahead through the windshield, her eyes widened with shock. She saw a speeding orange car swerving from side to side, crossing into their lane. In a split second, Ommeh's mom turned the wheel to avoid hitting the other car, while her dad shouted, "Nooo!" Zaman held on to the steering wheel as she screamed, "Nooo!" But it was too late. Ommeh watched in horror as the orange car sped straight toward them, crashing head-on into their car.

Crash. Silence.

Ommeh slowly opened her eyes and felt terrified by what she initially experienced. She felt extreme heat inside the car and saw the broken windshield and huge amounts of smoke coming from the front of the car. She gazed in horror to the left and saw her mother's face covered with blood with the steering wheel punctured into it. It was a horrible sight. There were no words coming out of Ommeh's mouth. She felt horrified and a tight knot pulled into her stomach as she thought her mom had no chance of survival. There was so much blood and she was not moving at all and Ommeh was in complete state of shock. Feeling dazed and puzzled, she glanced down at her body for a moment and, surprisingly, realized that she was completely unharmed. Everything in the car had been thrown around, and her necklace had been torn into pieces. Miraculously, nothing had happened to her. Absolutely nothing.

Feeling extremely sad, Ommeh then looked at her father and saw that his head was stuck in the windshield, while his body was hanging between the dashboard and the passenger's seat. Ommeh blinked her eyes, trying to wake up from this awful dream that she seemed to be in. But when she opened her eyes, she was still in the same place and definitely this whole thing was not a dream. She looked over to her right and took notice of the orange car that was completely crushed like a can of soda and saw no signs of life from its passengers. Suddenly a terrible fear rushed over her. "Oh, no! The gasoline containers are in the trunk. I have to get out of this car before it blows up!" she said to herself in a terrified panic.

At that time in Ommeh's country, gasoline was very expensive and not readily available, so when people traveled by car, they took extra gallons of gasoline with them to refuel the car if needed. For this trip, Ommeh's father had packed two containers of gasoline in the trunk for a safe and trouble-free journey. But at this moment, Ommeh knew the gasoline containers would soon pose a greater danger than the crash she was just in.

She knew she had to get out of the car and fast. She immediately tried to open the door to her right, but it was jammed. She then tried to roll down the window to escape, but it was stuck. She moved quickly to the left side door and found the same thing: it wasn't opening. She felt trapped and petrified. She screamed, yelled, and banged against the doors and windows, but nothing happened. The force she was using was not enough to open the doors or the windows. The heat inside the car was too much for her lungs, and she thought she was going to pass out. An intense fear settled in Ommeh's stomach as she began to panic, fearful she was going to burn in the car with her parents when the car caught on fire.

In that very moment, Ommeh suddenly heard her father's voice! It was a very low sound, and he was mumbling something she could not understand. It was as if he was speaking a different language, and it did not make sense as she could not hear it well. In that instant, his entire body dropped into the seat released from the window, and Ommeh was thrilled that at least one of her parents was alive. "He is alive, he is alive, and he did not die! Wow, he is still here!" she screamed out with joy.

Then something miraculous and unexplainable happened. Ommeh felt an enormous warm sensation rising up in her body, starting from her feet and traveling up to the top of her head. It felt incredibly powerful, as if she was charged with electricity inside her body taking complete control over her. Ommeh felt strange movements within herself as if she was growing from inside out. She felt huge on the inside and the sensations felt extremely strong, as if she had transformed into something with superpowers. Nothing made sense as everything was happening really fast. At the same time, Ommeh felt something within her that she had never experienced before. Without hesitation, Ommeh felt her body move toward the car's back door, the same one that didn't open a few minutes earlier. She grabbed the door handle and magically opened it as easily as if she was lifting a piece of paper. Completely surprised, Ommeh thought to herself, *What the heck is happening to me?* She opened the door, got out of the car, and rushed to the passenger-side door, where her father was laying limp in the seat. She grabbed the door handle to pull it, and once again, the door opened without resistance. Her hands had turned into super hands—which was something Ommeh had never seen or experienced before! But she was beyond happy to witness it at that moment.

Those things only happened in movies or in cartoons, so how could it be happening to her now, she wondered. It was exciting to feel this incredible power inside of her, but she was very focused on getting her father out of the car as fast as possible before it exploded. Ommeh stood next to her father, reaching only up to his shoulders in height. Without hesitation, she pushed him forward toward the dashboard and wrapped her small arms around his chest and pulled him toward her.

Ommeh then did something that seemed absolutely impossible: she pulled her 195-pound father out of the car, dragging his legs on the desert floor by herself. She then laid him on the ground and stood next to him in wonder. Ommeh felt enormously big on the inside and at the same time very calm, yet puzzled. Although she did not fully understand what she had just experienced, she knew deep in her heart that she would never be scared of anything again.

Feeling assured, Ommeh ran back into the car to grab her childhood pillow. While in the back seat, something shiny on the floor caught her attention, reflecting the light coming in. She bent down and saw that it was her mother's small coin purse. It had been thrown out from her mother's purse during the accident and was open a little. Zaman had put their trip money and gold jewelry in this small purse. Ommeh grabbed it and quickly ran back toward her father. She sat on the warm ground next to him while holding his hand and watching people running toward the accident scene.

Ommeh heard screams of, "Oh God, Oh my God, Oh my Lord!" coming from people with their hands over their faces. No one seemed to know what to do, but they were desperate to help. Their faces had the same expression of shock, with eyes wide and mouths open while looking at the crushed cars, the accident victims, and the smoke. The first man on the scene came to Ommeh and asked, "How did you do that? I saw you pull your father out of the car. It's not possible. You are only a child. How old are you?"

Ommeh looked straight into the eyes of the man standing in front of her, and with a big smile, she replied, "I am seven and a half years old."

The man looked at Ommeh speechless, unable to comprehend what he had seen or what he had just heard. He was the driver of the car that was ahead of the BMW, the first car that pulled over so he could run toward the scene. He was also the only person who witnessed the miracle of a child's inner superpower and will at a time of need.

Other drivers who had rushed to the scene were trying to figure out how to get Ommeh's mother and the other passengers out of the cars. Strangely Ommeh felt calm in the middle of the chaos she was observing, yet sad at the same time. While still holding on to her father's hand, she noticed Eza was mumbling something again while his eyes were closed. It sounded as if he was talking about not coming back, but it was not clear what he was referring to. Ommeh thought, *Maybe he is dreaming.*

A couple of men were finally able to open the jammed door of the brown sedan. They pulled Zaman's limp body out of the car and placed her in another car's front seat. Ommeh could barely keep her eyes open at the sight of all the blood coming from her mother's face. This was the saddest moment of her entire life. One of the men ran toward Ommeh and said, "Come, little girl. I am going to take your family to the nearby hospital." Ommeh stood up and held on to her father's hand while two men lifted and placed in the back seat of the car that her mother was also in.

As the car sped off, Ommeh turned around from where she was sitting and looked back at the accident scene one last time, feeling relieved that they got away before the car blew up.

The nearest town named Abadeh, was about forty minutes away from the accident scene. This was a very small town with a very basic hospital, which contained only one major operating room, six treatment rooms, two doctors, and four nurses. The driver pulled up to the hospital and ran inside to get help. Five people in white uniforms ran out with two stretchers for Ommeh's parents. Three of the staff lifted Zaman out of the car and put her on a stretcher to carry her inside. Two other staff members lifted Eza out of the car and placed onto the stretcher. Ommeh jumped up on the stretcher and held on to her father's leg, her pillow, and the tiny purse. Eza was rushed inside to one of the treatment rooms.

A lady nurse came to Ommeh to take her to get washed up while the doctors examined her father with injuries. Ommeh looked up at the nurse, and with fear in her eyes, she said, "But if I come with you, he will die too." Ommeh felt really sad in that moment. She was always told by her parents not to go anywhere with strangers. Her father was unconscious, and she had thought all along that her mother had died. She was all alone in this small hospital in the middle of nowhere. The reality of everything suddenly occurred to Ommeh, and she began to cry, realizing all that had happened.

The loving nurse picked Ommeh up, held her in her arms, and said to her, "Oh sweetheart, your mother is still alive, and she did not die, but she is really hurt."

Ommeh looked up at the nurse and could not believe what she had heard. The entire time, Ommeh was convinced her mother had passed on; she had seen so much blood. She felt extremely joyful over this miraculous news and hugged the nurse tightly in her arms holding on. She smiled as she wiped her tears away and walked with the nurse to get washed up and have a full checkup.

Over the next two days, both Zaman and Eza remained unconscious in the intensive care unit. This was a very basic hospital in a small village, with limited resources for emergency care. It was important that her parents to get transported to the main hospital as soon as possible for more extensive surgery.

There were flying cockroaches everywhere in this hospital. Ommeh could not stand them because they were huge and had wings. She walked around with her pillow covering her head so they would not fly into her hair. The nurses and doctors took turns keeping Ommeh busy with different activities while they monitored her parent's condition. Ommeh had made friends with all of the hospital staff. She had not seen her parents in two days. But somehow, she felt happy on the inside because both of her parents were alive. Somehow, she was not scared.

On the third day, Ommeh's father was the first to wake up. He had stitches on his face and lots of bandages, and his arm was broken and covered in a cast. Ommeh was thrilled to hear that he was awake and ran to her father's room to see him. She jumped on the bed, not paying attention to anything else. She hugged him tightly and asked, "Daddy, Daddy who were you talking to?"

Her father was completely confused. He replied, "What? Who are you talking about? When? Why I am here? What has happened? Where is Zaman?" Ommeh continued, "Dad, we got into a car accident. When I pulled you out of the car, you were talking to people. Who were they? Why were you telling them you did not want to go back? Back where?"

Eza looked at Ommeh, totally puzzled. It was as if he just realized an accident had taken place. Even more confused, he asked Ommeh, "You pulled me out of the car by yourself? How? That's impossible."

The nurse standing next to them said, "Yes, sir, it is true. Your family was in a fatal car crash forty minutes away from here. The people in the orange car did not make it. Your wife is unconscious in our intensive care area, but your daughter is completely unharmed. The first person that ran to the accident scene watched in disbelief as your daughter somehow pulled you out of the car and placed you on the desert floor. The witness was startled and could not believe his eyes. None of us here understand this either, but we all agree that Ommeh is a powerful little girl." Ommeh looked at her dad and smiled proudly with stars in her eyes.

Later on that day, the chief doctor came and announced that Zaman had awakened. She could only be seen briefly, as she was not in the best condition. Ommeh jumped for joy at this wonderful news and said to her father, "Yay, Daddy, this is awesome! Mommy is all good now. Let's go see her, Dad. Come on, hurry up."

Eza's eyes filled with tears, and he slowly lifted himself up to walk toward the room Zaman was in, while holding on to Ommeh's little hand.

As they walked down the hallway to the entrance of the room, Ommeh hid behind her father's leg. She felt uncomfortable at the sight of Zaman's horrific black-and-blue swollen face. Ommeh's mother looked more like a mummy with bruises, stitches, and white bandages wrapped around her head. Her leg was in a white cast hanging from the ceiling with some kind of cord, and her left arm was wrapped in cast as well, but her voice was the same. Zaman looked at Eza and said, "Ezee, look at you. You look so beaten up. What happened to you?"

Eza smiled and said to Zaman, "Ah, darling, I got a bit hurt. Have you looked in the mirror yet to see what you look like?"

They always joked around with each other, so Zaman did not think anything of it. She felt her face was numb, but she was completely clueless as to how she looked. Zaman turned to Ommeh and said, "Hello, my sweety. Why are you hiding behind Baba? Come over here. I missed you."

Ommeh stayed hiding behind her father's leg. The sound was her mother's voice, but the face was not her mother. Eza gently dragged his legs while holding on to Ommeh's hand and finally reached Zaman. He hugged her and cried from happiness that his wife was with them. Ommeh reached the bed too and finally climbed up to melt on her mother's tummy without looking at her face. All three of them held each other and cried together for a long time. They felt lucky to have each other and glad that Gogol was at home safe with Maman.

The next morning, Ommeh woke up to the sound of noises coming from down the hall. She got up from the hospital bed next to her mother's and grabbed her pillow. Then she walked down the hall to see what was happening. As she reached the end of the hall, she saw two nurses and a doctor talking to two men holding pens and notebooks. Ommeh said to them, "Hello, what is going on?"

The two men quickly came toward Ommeh. One asked, "Are you the little girl that pulled her father out of the car?"

Ommeh said "Yes!"

One of the men asked, "How did you do that? We want to write about this."

Ommeh just looked at the men with her big brown eyes and said, "I felt something inside of me, and I did it." The men looked back and Ommeh and smiled.

During their three days at the hospital, Zaman and Eza had not been able to get in touch with their family members in Tehran to let them know about the car accident. Ommeh's parents did not have a telephone in their home in Karaj, which was thirty minutes outside of Tehran. They used the public phone to call out when they needed to. Both Zaman and Eza needed to be transported to the major city hospital in Tehran, for additional surgery, as their condition was just stabilized and not treated fully. With efforts from hospital staff, Eza was finally able to get in contact with Zaman's cousin in Shiraz, whom they were supposed to stay with during their trip. They were very concerned when Ommeh and her family did not arrive as they were supposed to. They felt terrible that such a horrific car accident had happened, but were at the same time were very grateful that they all were alive.

One morning, a few days later, Zaman's brother, Abli, who lived in Tehran, surprisingly showed up at the hospital. Ommeh was thrilled to see her uncle finally after so many days of not seeing any family members. She ran toward him and jumped into his arms, hugging him tightly. Abli was so excited to see his young niece alive and happy. Abli told Ommeh that he had learned about their car accident when cousin from Shiraz had called to inform them about it. He also shared there was a short story in the Tehran Post about a young girl miraculously unharmed in a deadly car crash and that this young girl somehow saved her father with strength of super power. There were no names reported in the newspaper. Somehow Abli felt deep inside it was very possible that this accident was that of his sister's and the little girl was his niece Ommeh. He announced that he immediately got on the road to find them and take them back home. Ommeh felt this was the greatest gift she had received and could hardly wait to see her wonderful brother again.

Ommeh packed her pillow and things she had collected the week she was in the hospital. Her parents were helped into a car as they were ready to fly back to Tehran to undergo more extensive surgery. Ommeh hugged the nurses and the two doctors who had been taking care of her over the last seven days. She smiled and waved her little hands good-bye feeling so happy that she was going home. She had missed her brother and grandma very much and at the same time was thankful that Gogol did not come on the trip with them. Ommeh said to herself, "Maybe Gogol felt the same thing I did before the accident, that bad feeling, and that is why he did not come with us. It is a good thing that he did not and he listened to his feelings. He is really smart."

Ommeh looked out the window of the airplane at the gorgeous colorful sunset before takeoff. She wondered for a minute if she was dreaming and that this car crash never actually happened. As she stayed in those thoughts for a few minutes longer, she gazed to her right and noticed her parents and uncle leaning against the seat with heads rested and eyes closed. They were finally getting the rest they needed. Ommeh smiled within looking at them, while tears of joy rolled down her eyes. She knew perfectly well what she had experienced was not a dream. Even though the last seven days were the hardest week of her entire life, Ommeh still felt happy about what had happened. The great news was that her parents were alive which in itself was amazing. But something else was even more amazing. Ommeh had experienced transforming into a real superhero, using super human power she never knew she had. This experience showed her that she was perfectly created with powerful tools and skills already built within which would get her through all obstacles in life. Ommeh also realized she had the ability to do anything her heart desired because she now fully believed in herself and the powers she had within. All that was needed was for Ommeh to call upon her inner superhero to come out in times of need. This new found discovery was worth everything she had experienced all week and she could hardly wait to tell Gogol all about it.

Personal Note from Honi:

Just like Ommeh, all of you have an inner superhero that is unique to you which resides at the center core of your heart. The key is to completely believe in YOURSELF by trusting your feelings and intuition. Embrace this superhuman gift granted to you because you are created perfectly. You have the capability to access superpower in times of need when you completely surrender to the strength of your heart. My life changed forever after this amazing experience. The journey continued with more life challenges such as experiencing Iran's revolution, bombing during war times, and migration to America as a pre-teen which I will share in future books. The one thing that remained within me during these years was my ability to turn my dreams into reality by keeping my imagination alive and meditating on what I desired in my heart instead of what I was experiencing.

With love and eternal light, Honi.

Family Photos

Here are a few family photos that I would like to share with you.
I have had limited access to photos from childhood to include in the
book as when we migrated from Iran, everything was left behind.
Over the years family members visiting us here in America had
brought a few of our belongings including some of these
images that you see here.

Mom and Dad in 1969

Mom visiting the famous Persepolis in Iran in 1970

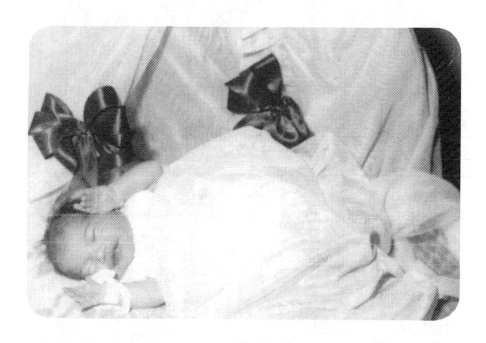

May 3, 1972, Tehran, Iran
I came into this world ready to experience life!

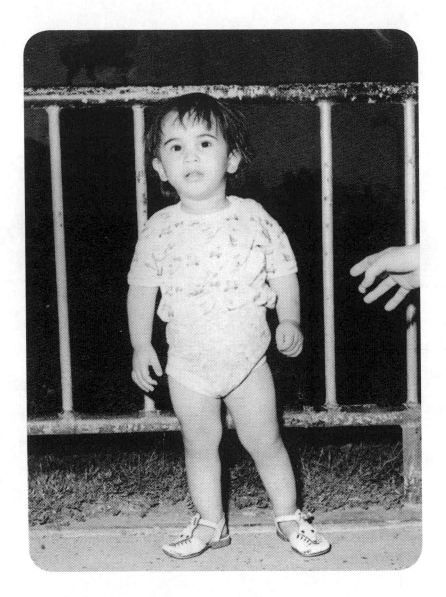

Gogol in 1972 at 1 ½ years old, in Tehran, Iran

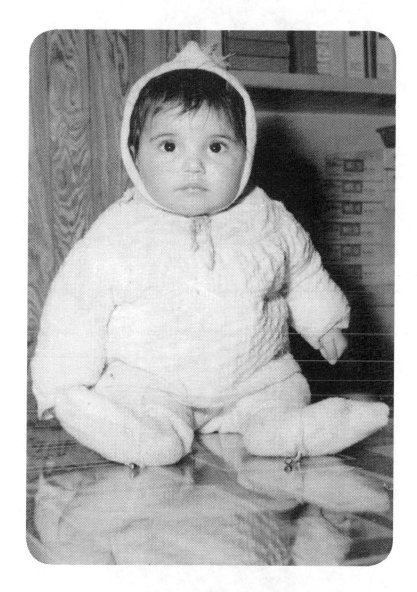

Me at the age of one,
living with Grandma "Madarjoon" in Kermanshah, Iran

Gogol at the age of 5 ½

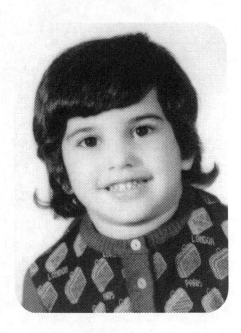

Me at the age of 4

My favorite birthday party in 1977, age 5
(first time in dress handmade by mom)

Me in Third grade after the Revolution in 1979 Karaj, Iran

September 1979 family time at our house in Karaj, Iran

(six months after the car accident). ***This was the only photo I was able
to retrieve that showed my mom with crutches. Her face had healed so
much, but damage to her left eye and left side of the mouth remained
for a long time.

Gogol and I at our house in Karaj, Iran March of 1984 (a year before we moved from Iran to America).

Mom, Gogol and I at mom's house in Bethesda Maryland, USA October
2009
(My father passed on in a car accident in 1994 on his way back from
Chicago. Our lives changed forever.)

Persian New Year's Celebration March 21, 2010 with my precious family

(Karl, Kiyan, Nevan and Me in our home in Boyds Maryland)

Honi Borden's Biography

Persian born Ommehoni Motarefi, known today as Honi Borden, resembles a rainbow with her colorful, light-filled professional background. At the age of 18, Borden became a Licensed Electrologist, working as an independent contractor, to support herself while obtaining a Bachelor's degree in Psychology from George Washington University. She then pursued a graduate degree in Clinical Therapy & Counseling and advanced studies in Existential Therapy & Counseling at Johns Hopkins University. Honi's internship turned into a full time job, where she facilitated individual and group counseling for adolescent and adult immigrants and refugees from Iran and Russia. After 9/11, her job was terminated due to the United States' boarders closing off to refugees via the American Red Cross. She then decided to change paths and pursue a passion, and in 2002 Borden opened a small in-home spa. To better accommodate her clients' skin health issues, Borden became a Board-Certified Laser Specialist. Honi's dedication and holistic approach to wellness allowed her business to grow exponentially, and in 2006, her long term dream of having a healing spa became a reality when she opened Holeco® Wellness Medi Spa, recognized in 2007 as the first green medi spa & healing center in the U.S. by Green America. Continuing on the path of health and wellness, Honi studied energy healing privately with a spiritual teacher and received her degree in Advanced Reiki level III. In 2007, concern over the toxic chemical ingredients in most personal care products led Honi to develop her own private label eco-conscious line, Holeco®Life. Soon thereafter, she began facilitating holistic educational workshops and meditations to enlighten and empower people to live a eco-conscious holistic lifestyle. In 2010, she was internally guided to close her wellness center to focus on creating Holeco® Girls, the first holistic wellness beauty product line and empowerment program for tween girls in the US. At the same time, Honi enhanced her healing studies to facilitate Reconnective Healing Level I & II, then The Reconnection Level III. She has since transitioned into seeing clients for intuitive healing as a Consciousness Guide as well as Reconnective Healing. On January 8, 2011, an internal awakening guided her to share her personal life story of a profound experience at the age of seven, to become an author and inspirational speaker with *"The Day I Became a Superhero"*, her first book in a series of memoirs for tweens. A portion of the proceeds of Honi's workshops, products and events is donated to local and international non-profits to carry her holistic message of love for self, love for earth and love for humanity. i.e. The International Lifeline Fund and One Common Unity.

El Día Que me Convertí
en Superhéroe

El Día Que me Convertí en Superhéroe

La verdadera historia de una niña de siete años de edad que experimento un poder sobrehumano.

Honi Borden

BALBOA PRESS

A DIVISION OF HAY HOUSE

Los libros de Balboa Press pueden ser ordenados a través de libreros o
contactando a:

Balboa Press
A Division of Hay House
1663 Liberty Drive
Bloomington, IN 47403
www.balboapress.com
1-(877) 407-4847

ISBN: 978-1-4525-3847-1 (e)
ISBN: 978-1-4525-3848-8 (sc)

Número de Control de la Biblioteca del Congreso: 2011915358

Impreso en los Estados Unidos de América

Fecha de rev. Balboa Press: 10/03/2011

Comentarios de los niños

"La historia de Ommeh nos recuerda a todos que adentro de cada persona hay un superhéroe esperando salir. Si tienes amor en tu corazón, todo es posible."

—Rosei, trece años, de Nevada

"Cada uno de nosotros en ocasiones nos cuestionamos porque nacemos. La historia de Ommeh nos deja saber a todos que tenemos una misión especial aunque a veces no sepas cuál es."

—Dane, trece años, de Nevada

"Verdaderamente lo amé. El desenlace me hizo sentir contenta porque los padres de Ommeh siguen vivos. Al principio no creía que Ommeh había podido arrastrar a su padre fuera del coche, pero ahora pienso que si realmente quieres algo lo podemos hacer una realidad."

—Lola, diez años, de California

"Me encanto la historia de cómo Ommeh dio un mensaje al lector, de que si hay algo que sabemos que tenemos que hacer tenemos el poder de hacerlo y nadie nos puede para."

—Setareh, diez años, de Virginia

"Era una historia que toca el corazón. Personas, especialmente niños, en realidad debería leerlo y aprender de ella. También, la forma en que Ommeh rescató a su padre desde el coche eso realmente me inspiró para saber que si alguna vez me estanco, yo sé que el superhéroe en mí me puede rescatar."

—Kiyan, diez años, de Maryland

"Realmente, me gustó *'El Día Que me Convertí en Superhéroe'* Me gustó mucho este libro porque me hizo sentir como si yo fuera un superhéroe también. Si usted es un adulto o un niño y le gusta leer libros, este es el libro adecuado para usted. En una escala de cero a diez, le doy un perfecto diez, ya que fue increíble."

—Sean, diez años, de Maryland

"'El Día Que me Convertí en Superhéroe' me hizo sentir interesado, sorprendido, y poderoso y recomendaría que niños y adultos lo leyeran. Sentí que yo podría hacer lo mismo para mis padres si estuviese en una situación similar."

—Gabe, nueve años, de Maryland

"En el libro *'El Día Que me Convertí en Superhéroe'* me gusto cómo Ommeh no se lastimo aún que se encontraba en un accidente automovilístico. Aprendí que si tengo fé, puedo hacer algo especial".

—Hannah, ocho años, de Maryland

"Me encantó este libro porque había muchos detalles en el. Me encantó cómo ommeh rescató a su padre como una verdadera superhéroe. Este libro me hizo sentir feliz y los niños de mi edad realmente deberían leer este libro. A los adultos tambien les va a gustar. Es genial que Ommeh es mi momy en la vida real."

—Nevan, de siente años, de Maryland

Comentarios de los adultos

"'*El Día Que me Convertí en Superhéroe*' es real e inspiradora. Es primordial que adultos, jóvenes, y niños desarrollemos nuestro increíble potencial y nos demos cuenta de los milagros que somos capaces de realizar. Es fácil enfocarnos en nuestras fallas, pero esta historia nos da acceso a nuestra esencia, que es increíblemente poderosa. Es ésta esencia dentro de nosotros la que tenemos que manifestar."

—Prea Gulati, PhD, asistente profesora del Departamento de Salud Global de la Universidad de George Washington

"Borden, siendo una niña, descubre una fuerza interior y el saber que todos tenemos acceso a esa fuerza. Una lectura enriquecedora para niños y adultos."

—Joan Fowler, médico y maestro, los niños Reconectan y la reconexión

"'*El Día Que me Convertí en Superhéroe*' es un libro emocionante y fantástico que llena el corazón del lector con la inspiración y la magia como de un niño! La historia de Honi Borden trae a sus lectores a un mundo de calidez, el amor de la familia, la amistad, la lealtad, la tragedia personal, la determinación y la inspiración. Ella le da a los lectores una experiencia de primera mano de un valor extraordinario y excepcional potencia inspirado en el amor y la inspiración divina. A la edad de siete años y medio, Borden es capaz de ir más allá de las leyes normales de la naturaleza y encontrar dentro de sí misma, en ese momento crítico, su superhéroe escondido aumento de amor en el siguiente nivel de evolución y el poder con el fin de salvar las vidas de su familia. Si usted cree en un poder superior, o simplemente el poder del amor y la inspiración, Borden recuenta su vida que alteran la experiencia con las fuerzas sobrehumanas, saca al lector a una serie de imágenes mentales y las imágenes que se quedan dentro de nosotros emocionalmente mucho después del final de la historia. Escrito como una historia de niños de inspiración, el mensaje de Borden resuena con los lectores adultos, ayudando a cruzar los límites de la edad y una vez más tocar la mano de nuestro niño interior, y la cara oculta de nuestro poder superior."

—*Raymond Q. Holmes, Fundador y Director del Instituto Quintessence—enseñando el arte de Sehaj*

"Lo que es más conmovedor de esta historia de superhéroes es la entrega de potencia y abrazo lleno de gracia una vez que ya no eran necesarios. En su propia dulcura y hermosura de Ommeh nos ha enseñado a todos cómo abrazar a nuestros propios poderes de súperhéroe que sensaciones de calor, en esperanza de actuar frente al peligro. Que es aceptar la ayuda y el amor de los extraños, a hablar con el corazón abierto acerca de las experiencias de gran alcance que no podemos explicar. Para permitir que nuestros poderes humanos de la compasión con el apoyo de un poder sobrehumano, como la gracia en el momento después de la crisis,cuando todo lo que hay que hacer es esperar a que es el hermoso arco en el regalo de esta historia ofrece. Todos podemos aprender mucho de esta humilde historia de una niña que vivió, amó, y descubrió el súperhéroe en su interior."

— *David "Starrtouch" Anderson ma ncc, sofá principal héroe, fundador de obtener ayuda ahora y sobreviviente héroe ™*

"'*El Día Que Me Convertí en Superhéroe*' es intensa y hermosa. Reconociendo que esta historia se basa en la experiencia de la vida real Honi permite a la idea de lo que es un "superhéroe" es la evolución de sólo un concepto representado en las películas y los cómics a la realidad de que todos son "superhéroes", sobre todo como seres centrados en el corazón. La Descripción de Honi sobre la sensación de electricidad y fuerza que llenó su cuerpo de siete años de edad en el momento de la tragedia nos inspira a todos a reconocer la gran posibilidad que todos tenemos que aprovechar esta fuerza que viene de la parte más poderosa de que proviene nuestro corazón. Gracias Honi por compartir tu historia."

—*Maryam Ovissi, co-propietario, Beloved yoga, maestro de yoga, artista y comisario*

"¡La milagrosa experiencia que Honi tuvo en su niñez es fascinante y muy importante de compartir! Me tenía hipnotizado. Le recomendado a todos mis pacientes este libro para niños."

—*Phil J. Tavolacci, dueño – TAVO salud total*

"Cada uno necesita un héroe. desde el momento en que somos pequeños, los buscamos . . . y muy a menudo, nuestros héroes de la infancia vienen vestidos en trajes de fantasía con nombres de fantasía. Honi Borden, en su historia hermosa y atractiva, ofrece a sus lectores un gran regalo: a través de su propia experiencia aterradora y el triunfo posterior, nos muestra de primera mano que cada uno de nosotros somos los superhéroes más grandes y brillantes y más poderoso en nuestras vidas. El talentoso Señor Borden nos recuerda que, a través del poder de la intuición, la confianza, el amor y la creencia, cada uno de nosotros puede tener acceso a nuestro superhéroe propio interior y "ella" nunca nos defraudara. En la cultura actual, donde las niñas (y mujeres) a menudo se olvidan de la fuerza de su propio ser, ' *'El Día Que Me Convertí en Superhéroe',* los muestra a todos nosotros lo que es verdaderamente el ser un héroe! Está en mi lista de mis hijos y todos mis clientes!"

—*Karen Schachter, una consejera de salud integral, directora general de la repartiendo con su hija ™*

"Las descripciones intensamente detalladas de Honi Borden en este libro no sólo permiten que el lector se sumerge con cada frase sino que también logra un sentido de familiaridad con las profundidades de nuestra alma. El uso de un formato de historia para enseñar a los niños sobre el poder que reside dentro de nosotros y que puede ser aprovechado en cualquier momento, es fuente de inspiración, devoción y ayudará a sembrar los simientos de nuestra próxima generación de niños de luz."

—Tanya Colucci, Propietaria sinergia soluciones de formación personal en Washington DC

"'El Día Que Me Convertí en Superhéroe' es una historia milagrosa verdadera que debe ser compartida con los niños pequeños, adolescentes y adultos para inculcaren ellos el asombroso poder que todos tenemos dentro. La cuenta personal de Honi de sobrevivir a un accidente automovilístico 30 años atrás, y salvar la vida de su padre, es inspiradora y edificante. Que demuestra que cuando las personas entienden y utilizan su fuerza interior, las oportunidades en la vida convirten en ilimitada porque el miedo no es una opción. Basta con mirar a la vida de Honi hoy!"

—Michelle Delino, consultante de relaciones públicas y la madre de Robbie, de 10 años.

"'El Día Que Me Convertí en Superhéroe' envía un mensaje importante a los lectores acerca de la perseverancia y creer en uno mismo. Demuestra que no importa cuán pequeña sea, puede hacer una diferencia, si así lo desea."

—Tara Norton, profesora de la escuela pública, en Maryland

"La historia de Borden es conmovedora, trágica, alentadora, inspiradora y revela una gran dignidad. El cuento es una clara descripción del cambio de una vida. Los lectores podrán encontrar sus propios poderes internos, los cuales les ayudarán a guiarse a lo largo de la vida. *'El Día Que me Convertí en Superhéroe'* seguramente alimentará con felicidad, duelo, inspiración imaginación a sus lectores. Esta historia es un testimonio de las impresionantes habilidades que todos podemos alcanzar en momentos difíciles."

—Danielle Zanzarov, CEO & Jefe de Bienestar para 4 Health Inc.

"La valentía de Honi Borden como autora es excepcional. Cuando ella expone el doloroso accidente de coche que casi la dejo huérfana de niña; cuando uno se adentra en la vida de Borden como niña irán descubriendo una verdad universal: dentro de cada uno de nosotros hay un ángel de poder, un poder invencible que nos pide ser libres. Tanto para niños como adultos, este libro muestra el coraje de Borden para llamar a su poder interior."

—*Stephanie Goetsch, director general de su intercambio*

"'*El Día Que Me Convertí en Superhéroe*' es un libro que puede cambiar su perspectiva de vida. No importa si cree en los poderes o no, o si le gustan los cuentos. Se trata de la recreación de un evento que cambió una vida, y es franco y sencillo de leer. Como una buena historia de misterio, empieza con un aire de suspenso y termina con un sorprendente final. Aunque está escrito como un libro para niños, el mensaje es claro: es un despertar para el público de todas las edades que pueda conectarse con su poder interno."

—*Val Cavalheri, gerente editorial, I am revista moderna. directora general de Cavalheri fotografía*

El Reconocimiento

Me gustaría reconocer el poder del universo por mi verdadera alineación interior que ha brillado una luz en mi camino de despertar. Estoy profundamente agradecida de que mis hijos, Kiyan y Nevan, me ayudaron a ver la vida con un nuevo conjunto de ojos a través del centro de mi corazón. Agradezco igualmente a mi esposo increíble, Karl, quien ha sido una verdadera fuerza para mí ya que me da su amor incondicional y espacio para ampliar y convertirme en lo que soy hasta en este dia. Mi madre increíble,Fakhrozzaman (Zaman), es mi héroe y defensora más grande, que me recuerda que cada elección que hago siempre es la elección perfecta, porque lo elegí y aprendí de mi elección. Mi padre, Gholam Reza (Eza), transmite su fuerza y habilidades de organización y las enseñanzas de no conformidad que estoy agradecida con él. Mi hermano fabuloso, Reza (Gogol), ha sido mi mayormodelo, expandiendo más allá de su potencial y ser una luz brillante, siempre me ayuda a llegar a las estrellas. Siempre estoy obligada a él. Aprecio a mi abuela (Madarjoon) por sus palabras de sabiduría para siempre ser una verdadera dama y vivir una vida agradable. Su espíritu reside vivo todos los días en mi corazón.

Me gustaría expresar gratitud a mi familia del alma, increíble en la tierra que brillan con una luz potente con su fuerza interior, sabiduría y claridad. Le agradezco igualmente a cada amistad solo con los años, como todos los encuentros han sido una parte importante para el proceso de evolución y expansión. Agradezco también profundamente mis maestros espirituales por jugar un papel enorme en mi viaje espiritual. Es un honor haber tenido la oportunidad de estudiar con ustedes. Realmente es un regalo para experimentar esta experiencia de vida con todos ustedes en un momento tan increíble de la historia humana.

Por último, las siguientes secuencias han sido un factor contribuyente en mi evolución para convertirme en una autora inspiradora. Estoy profundamente agradecida por el arte de Abraham por permitir que las enseñanzas que el escribió me han sido una base en mi experiencia ya que me permite recordar y crear. Siempre estaré agradecida con el Dr. Eric Pearl por el entrenamiento en Sanación Reconectiva qui cada vez me vuelve a conectar y me pone en mi camino de vida acelerada. Por fin, estoy muy agradecida por las afirmaciones de inspiración de Louis Hay que me dio el valor para publicar el primer libro inspirado por niños.

Mensaje de
Honi Borden a los adultos

Como madre de dos niños amorosos, llenos de energía y ánimo, Kiyan de diez años y Nevan de siete años, Me siento muy honrada de que la vida me haya dado la oportunidad de ser madre y de ver el mundo a través de los ojos de ellos. Son el mejor *regalo* que he recibido y me han ayudado mucho a descubrir quién soy realmente. Los contrastes que he vivido me ayudó a ser la madre que mis hijos quieren que sea. Ellos son la fuerza que me recuerda quién soy y fueron ellos también los que me hicieron recordar ese momento sagrado de mi vida que me inspiró para crear mi primer libro: ***El Día Que Me Convertí en Superhéroe.***

Yo creo con todo mi corazón que las personas de todas las edades que leen mi historia se irán con un punto de vista nuevo y profundo acerca de sus experiencias pasadas, presentes y futuras. Mi mensaje sobre el poder interior es especialmente importante para cualquier niño que ha experimentado o está experimentando un problema, dificultades, traumas y tragedias, o los niños que sólo tienen los grandes sueños que desean crear en la realidad.

Desde el momento en que mi comunidad se enteró de que escribí un libro para niños tuvieron la inquietud de conocer el motivo que me inspiró en este primer proyecto como escritora. Fue sorprendente para ellos y creo que sus preguntas eran válidas. Aunque nunca pude darles una respuesta simple que alcanzara a reflejar la esencia y mensaje que quiero transmitir con mi libro. Como resultado, decidí compartir mi respuesta en este contexto, en el que intento mostrar el viaje de cooperación universal que causó la manifestación de este cuento.

Por un tiempo, me había retirado de muchos de los que me rodean para honrar el mensaje detrás de mi experiencia y que no había compartido que yo había escrito un libro. En esta sección, he elegido para compartir toda la cooperación de todos los que estaban presentes, lo que provocó que este libro fuese.

Quiero comenzar por explicarles que escribir un libro inspirador para niños o cualquier otro libro nunca fue parte de mis planes de vida. Aun cuando expreso mis emociones es parte esencial de mis capacidades naturales, escribir un libro fue todo menos natural para mí. El inglés es mi segundo idioma y por eso mi esposo siempre me ha revisado lo que escribo. Lo hizo cuando realicé los ensayos para mis estudios de maestría y posdoctorado, y lo sigue haciendo en el caso de documentos importantes de negocios.

Durante los últimos cinco años viví muchos eventos correlacionados, y cada experiencia abrió y aumentó mi conciencia. Desperté y me acerqué a quien realmente soy. Hace alrededor de dos años y medio que empecé a tomar talleres de sanación energética con una sanadora espiritual, a quien le agradezco el haberme aceptado como estudiante y el haberme otorgado un espacio para desarrollarme. Desde entonces surgió en mí una sensación increíblemente poderosa de saber que algo grande estaba a punto de llegar a mi camino, pero no podía explicarlo porque aún no tenía forma, dirección ni claridad. La sensación en mi corazón llegaba sin que yo la evocara. La sentía cada vez más y más cercana sin saber de qué se trataba, sólo estaba segura que algo emocionante llegaría. De vez en cuando me sentía frustrada por el misterio, pero mi profesora me decía: "Honi, paciencia, querida. Cuando llegue el momento, tú sabrás reconocerlo."

Desde mayo del 2010 hasta el ocho de enero de 2011, tuve varias experiencias muy profundas que me hicieron *pensar* que quizá eran la experiencia esperada. Cada una fue increíble y me hicieron expandir, despertar y enfocar mi conciencia.

En Octubre del 2010, fui a una gran cadena de librerías para buscar un libro para mi sobrina de dieciséis años que estaba pasando por un periodo difícil y oscuro. Quería un libro motivador, que no fuera religioso y que guiara a los lectores hacia su propia luz como fuente de su poder creador. El caballero que me atendió me dijo que a su conocimiento tal libro no existí así para jóvenes, pero que sería genial si alguien lo escribiera. Buscó en el sistema, y me dijo: "¡Por qué no escribe ese libro, porque aquí no lo encuentro!"

Yo sonreí, o por lo menos intenté hacerlo. Me sonrojé y me sentí un tanto incómoda, pero al mismo tiempo sentí cierta emoción. La escritura nunca ha sido mi mejor amiga, y la idea sonaba salvaje. Una semilla se plantó en mí en ese momento. Sin darme cuenta las fuerzas del universo se conjuntaron y en mi camino comenzó a vislumbrarse la idea de escribir ese libro. Una emoción de alta vibración de energía me abrazó todo el mes de diciembre, especialmente durante la noche sagrada de año nuevo y la primera semana de enero del 2011.

El sábado ocho de enero de 2011 me despertó una inexplicable voz interior desde lo más profundo de mi corazón (mi sabiduría interior; mi alta conciencia). Una voz que me invitaba a revelar los detalles de una experiencia de mi niñez, de cuando tenía siete años y medio y sobreviví a un terrible accidente automovilístico, para transformarla en un libro para niños que hablara sobre el "Poder Interno de los Individuos."

Me sentí confundida y mareada al escuchar esa voz interior. Casi no podía respirar. Me acerqué a mi esposo, y le dije: "Karl, me están pidiendo escribir un libro para niños." Karl y yo hemos estado casados por casi dieciocho años y él siempre ha estado a mi lado como mi mejor amigo y compañero de vida. Cuando escuchó mi voz y vio las lágrimas en mis ojos, me dijo: "Eso es maravilloso, Honi. Ve y escribe un libro. ¡Es increíble!"

Con el alma lo miré a los ojos, y le dije: "Karl, no entiendes. Me están proponiendo escribir sobre el accidente de coche de cuando tenía siete años." Sus ojos brillaban, entendió la experiencia que debía compartir, y dijo: "Honi, ve querida, yo me encargo de los niños. Tómate todo el tiempo que necesites para hacerlo. Sé que es importante y estoy feliz por ti."

Nunca había hablado sobre los detalles del accidente solo con mis padres cuando era niña. Ni Karl conocía los detalles, tan sólo sabía que había tenido un accidente. Cuando yo experimenté esta invitación interna, supe por fin que ese algo especial había llegado. La sensación era ruidosa, directa, profunda y poderosa, y provocaba que mi alma reverenciara y honrara cada segundo de esa gloriosa y dorada revelación.

Sintiéndome lista para hacerlo, me dirigí a mi laboratorio, y me senté frente al monitor de mi computadora para ser testigo de cómo mis dedos escribían las palabras que me harían regresado ese día pues ya hacia treinta años. Mi memoria era clara y pude revivir la dolorosa experiencia de nuevo. Escribí sin parar por varias horas. Sentía las lágrimas caer por mis mejillas como un río que desechaba poderosas emociones de mi cuerpo. Mi corazón latía fuertemente, sentía mi respiración errática, mi cuerpo caliente, sudoroso y mi boca seca al recordar la mágica e impactante escena que de niña nunca pude poner en palabras, hasta ahora que tengo treinta años. Una vez que mis dedos dejaron de teclear en la computadora, vino a mí el reconocimiento de que me acababa de convertir en *quien yo misma era.*

La primera persona a quien vi después de imprimir la historia fue a mi hijo mayor, Kiyan. Los dos niños sabían que yo había estado en un accidente automovilístico horrible, pero nada más. Kiyan vio mis ojos hinchados con lágrimas y quiso saber por qué había llorado. Le dije que no estaba triste, sino conmovida por haber escrito mi experiencia. Le pregunté si estaba interesado en leer sobre el accidente que sufrí de niña. Los ojos de Kiyan se abrieron mientras me miraba profundamente a los ojos, y dijo: "Sí mamá, quiero saber." Fuimos a la biblioteca y nos sentamos uno frente al otro. Él comenzó a leer la historia en voz alta. Miré su lenguaje corporal y escuche con cuidado su voz mientras leía cada palabra visiblemente emocionado. Empezó a llorar. Cuando terminó la última palabra, brincó hacia mí, me abrazó, y me dijo: "Mamá, ¿entiendes por qué no moriste? Fue porque tenías que compartir esta historia con todos los niños del mundo. Mis amigos van a pensar que es genial que hayas compartido esta historia para ayudar a muchos otros niños." Sentí lo mismo. Sabía que un nuevo capítulo en mi vida acababa de empezar.

Valoro las bases espirituales que guían mi camino. Ahora, como autora, oradora y sanadora he comenzado a sentir la plenitud de quien realmente soy, y enseño y ayudo a otros a tener mayor conciencia de su poder interno. Les recuerdo que todos tenemos un "superhéroe" dentro. Lo último que quiero compartir con ustedes es que por muchos años me pregunté si mis recuerdos de aquella época habían desaparecido. ¿Qué habría pasado en segundo grado que no me acordaba de nada? El accidente siempre fue como una espina clavada en mi corazón, pero nunca había hecho la conexión entre ese evento y mi falta de memoria, hasta el sábado ocho de enero del 2011. ¡Me sentí tan libre! ¡Sentí que sanaba desde muy distintos niveles!

Lloré y me desahogué por la pasmosa claridad con que todo se estaba presentando. Los treinta años pasados eran perfectos y fue gracias a aquello que llegué adonde estoy. Todas mis experiencias, retos, dificultades y hambre de saber más sobre la vida; mi carrera, educación y matrimonio; mis hijos, mi negocio, mi círculo espiritual, mi camino de despertar y, finalmente, cómo logré conectarlo todo para recordar lo que mi corazón aprendió ese día del accidente.

Con mucho amor de todo corazón, Honi

La Referencia a los Nombres

En este libro, los nombres utilizados son versiones abreviadas de nombres reales. Por ejemplo,mi nombre completo es Ommehoni y **"Ommeh"** es el nombre del personaje principal.

Nombre de mi madre es Fakhrozzaman, y "**Zaman**" fue utilizado para su nombre; nombre de mi padre es Gholam Reza, y "**Eza"** fue utilizado para su nombre.

Nombre completo de mi hermano es Mohammed Reza, pero siempre fue llamado **"Gogol"** nombrada del escritor ruso por mi madre) creciendo, por lo tanto, Gogol permaneció como su nombre.

Madre de mi padre siempre fue llamada "bozorg Maman", y que también se mantuvo como su nombre, pero sólo como **"Maman".** Hermano de mi madre, **Abdol** Ali, fue nombrado "**Abli**."

Nombre de mi mejor amiga creciendo era Arezu y **"Zu"** fue elegido por su nombre en esta historia.

El Día Que me Convertí en Superhéroe

La verdadera historia de una niña de siete años de edad que experimento un poder sobrehumano

¡Qué extraño sueño! Mmmmh . . . No sé si se lo contaré a mamá, pensó Ommeh al despertar de un largo sueño.

Ommeh tenía siete años y medio. Pasó la noche en casa de su primo, con sus padres, en el pueblo de Esfahan la tercera ciudad más grande de Irán. Iban camino a Shiraz a visitar unas ruinas antiguas, y estaba tan contenta por el viaje que casi no podía controlarse de la emoción. Era un sueño para ella visitar una de las civilizaciones más antiguas del mundo. Su mamá, Zaman, solía contarle cuentos sobre esta civilización, y finalmente su sueño de conocerla se haría realidad. Los dibujos que hacía Ommeh siempre eran templos, pilares, tallados de leones y otras figuras relacionadas con estas ruinas. Había en las ruinas de Shiraz algo fascinante que atraía a Ommeh, y su deseo por conocerlas siempre había sido muy grande. Aunque había anticipado el viaje por mucho tiempo, por alguna razón Ommeh se sentía rara esa mañana, especialmente después del sueño que tuvo.

Ommeh tenía un hermano de nueve años de nombre Gogol. Lo quería mucho. No nada más jugaba con él por mucho tiempo, también se peleaban como perros y gatos. Ommeh hacía todo lo que su hermano hacía, pues lo admiraba mucho. Ella casi no jugaba con muñecas o con otras niñas en el barrio, con excepción de Zu, una amiga que le llevaba por un año. Ommeh era una niña poco femenina y disfrutaba jugar los deportes que jugaba su hermano, como futbol y natación. Los niños en el barrio la aceptaban como uno de ellos. Cuando escogían compañeros de equipo, Ommeh era la primera elegida porque no tenía temor de caerse.

Ommeh y Gogol siempre viajaban juntos con sus padres. Les encantaban ir al Sade Karaj, a la Presa de Agua, donde solían esquiar con otras familias. Este viaje era diferente. Gogol decidió quedarse en Karaj, la cuidad donde vivía su abuela "Maman," la madre de su papá. Karaj estaba a seis horas en coche de Esfahan, donde habían parado para visitar a sus primos en su camino a Shiraz. La madre de Ommeh, Zaman, y su padre, Eza, no comprendían por qué Gogol no quiso ir con ellos al viaje. Gogol insistió que el trayecto en coche era muy largo para él y prefería quedarse con Maman, para pasar tiempo con ella a solas. El deseo de quedarse y no viajar de Gogol resultó extraño para todos, pero como insistió tanto, sus papas le permitieron quedarse con su abuela Maman.

Ese domingo era una hermosa mañana de primavera y la familia de Ommeh estaba terminado de desayunar. Ommeh jugaba encantada al escondite con su primos Fiseh, Sepan, y Assen que tenían nueve, siete y seis años. Hacía casi tres años que no los veía y pasar la noche con ellos fue muy especial para Ommeh. Después del desayuno todos les ayudaron a subir el equipaje al coche y bendijeron a la familia de Ommeh en su viaje a Shiraz, un viaje tranquilo de ocha horas por una carretera de dos carriles que atravesaba el desierto acompañado de las montañas Zagros. Ommeh abrazó y se despidió de sus primos y les dijo que iba tomar fotos de las ruinas para enseñárselas, pues finalmente las conocería.

Esa mañana tan especial, Zaman condujo el lujoso coche familiar, un sedán marrón de BMW 323i. Era último modelo y fue importado de Alemania. Por donde pasaban la gente se le quedaba viendo al llamativo carro. Eza tenía una pasión por los coches de lujo, especialmente los que tenían estéreo poderoso para escuchar la música que le gustaba. Este coche era su favorito porque era de Alemania, el país donde hizo sus estudios de ingeniería. Por el otro lado, Zaman sólo conducía en la ciudad y no le gustaba manejar coches de lujo. Por alguna razón, esa mañana Eza decidió no manejar y Zaman condujo mientras Eza descansaba. Ommeh pensó: *¡Qué raro!, papá nunca deja a mamá* *conducir, especialmente el BMW 323i. Él es mejor conductor. ¿Por qué le pidió a mamá que condujera su coche?* Aunque se sintió incómoda, Ommeh no le preguntó nada a su papá pues le tenía miedo, su papá tenía muy mal genio y un fuerte tono de voz. Lo que decía Eza en casa era ley y nadie le preguntaba nada. Ommeh y Gogol ya habían aprendido a no hacerlo enojar ni a desafiarlo. Zaman, en cambio, era una maestra de escuela gentil, cariñosa y apasionada. Una mamá muy afectuosa. A Zaman le encantaba ser maestra de primaria. Ella disfrutaba de la risa y se divertía con sus alumnos. Los niños querían mucho a Zaman porque les dejaba hacer lo que querían en su clase, lo cual consternaba a la directora y a los demás maestros que decían que no seguía las reglas, pero es que Zaman creía que los niños aprenden mejor por medio de la risa.

Al comienzo del viaje Ommeh comenzó a ponerse nerviosa y el estomago se le revolvía. No sabía por qué sentía tanta inquietud. Ommeh pensó que se estaba mareando, así que para distraerse miraba por la ventana derecha, hacia las montañas. Calladita, pensaba y se decía a sí misma: "Qué grandes son las montañas. ¿Cómo es que construyeron esta carretera en medio de estas enormes montañas? ¿Por qué están estas montañas aquí? ¿Por qué salen de la tierra? Es extraño. ¿Habían montañas subterráneas también? ¿Se verían iguales? ¿Alguien construyó las montañas? ¡Eso sería mucho trabajo!" Ommeh se emocionó con la naturaleza a su alrededor y por el cómo funcionaba. Ommeh solía preguntarles mucho a sus padres sobre todo lo que veía y quería saber siempre el funcionamiento de las cosas. A sus padres les gustaba que ella fuera tan curiosa, pero también los volvía locos porque a veces no sabían cómo contestarle. La mamá de Ommeh tenía más paciencia, pero su papá sólo aguantaba unas pocas preguntas antes de empezar a gritarle que parara con tantas preguntas . . . pero eso jamás logró que Ommeh dejara de preguntar.

Eran casi las doce del mediodía cuando Ommeh se despertó de una siesta. Se restregó los ojos y agarró su almohadita favorita, mientras se sentaba en el asiento de atrás. Su cinturón de seguridad no estaba abrochado porque se sentía más cómoda sin abrocharse. De repente, Ommeh empezó a sentirse más nerviosa, con náuseas y deseos de vomitar. Pero no se trataba sólo de las nauseas. Había algo más. Algo horroroso estaba a punto de pasar. Algo se sentía Los siguientes segundos pasaron como en cámara lenta, pero en realidad todo ocurrió en un instante, en un abrir y cerrar de ojos.

Mientras Ommeh miraba por el parabrisas la carretera delante de ella, sus ojos se engrandecieron por el susto que sintió al ver un coche anaranjado girando bruscamente de un lado a otro. En medio segundo, la mamá de Ommeh giró el volante tratando de evitar estrellarse con el coche anaranjado mientras su papá gritaba *"¡Nooo!"* con todas sus fuerzas. Tomada del volante, Zaman también grito *"¡Nooo!,"* pero ya era muy tarde. Como en cámara lenta, Ommeh vio con horror al coche anaranjado chocar directamente contra ellos.

Choque. Silencio.

Lentamente, Ommeh abrió sus ojos y sintió terror por lo que veía. También sintió un calor intenso dentro del coche y vio que el parabrisas estaba roto y que una cantidad enorme de humo salía de enfrente. Miró a su izquierda y vio con horror que la cara de su mamá estaba cubierta con sangre y que el volante estaba incrustado en su cara. Ommeh estaba abrumada, no podía hablar. Estaba en shock. Sintió un nudo en el estómago y estaba profundamente triste porque su querida mamá había muerto en el accidente. Se sintió mareada. Miró hacia abajo y vio con sorpresa que no estaba herida. Todo lo que había en el coche estaba tirado por todas partes. El collar que traía puesto su mamá estaba hecho pedazos. Milagrosamente, nada le había pasado a Ommeh.

Miró a su papá y vio su cabeza atorada en el parabrisas, mientras que su cuerpo estaba colgado entre la salpicadera y el asiento de pasajeros.

Ommeh parpadeó como si quisiera despertar de la horrible pesadilla que estaba viviendo, pero cuando abrió sus ojos seguía ahí mismo. Cayó en la cuenta de que no era un sueño. Miró su mano derecha y vio que el coche anaranjado estaba completamente destruido con sus pasajeros adentro. Nadie parecía vivo. Sintió un miedo terrible. "Ay no, las reservas de gasolina están en la cajuela. ¡Tengo que salir de este coche antes de que explote!," se dijo a sí misma con pánico.

En el país de Ommeh, durante esa época, la gasolina era muy cara y difícil de encontrar. Cuando la gente viajaba por carretera, llevaban gasolina adicional para reabastecer sus coches. Para este viaje, el papá de Ommeh había empacado dos contenedores de gasolina en la cajuela. Ommeh sabía que los contenedores de gasolina eran un gran peligro.

Sabía que tenía que salir del coche, y rápido. Inmediatamente intentó abrir la puerta de su derecha pero estaba atorada. Intentó bajar la ventana para escaparse, pero también estaba atorada. Movió rápidamente la puerta del lado izquierdo y tampoco abría. Se sintió atrapada y aterrorizada. La fuerza que usaba para abrir puertas y ventanas no era suficiente. El calor dentro del coche era demasiado para sus pulmones y sentía que se iba a desmayar. Sintió un miedo intenso apoderarse de su estómago y entró en pánico, pensando que ella también moriría en el coche con sus padres porque el coche se encendería.

En ese momento, Ommeh escuchó la voz profunda y lenta de su papá susurrando algo que no entendía. Hablaba sin sentido en una lengua que no comprendía. El cuerpo del papá cayó al asiento, desde donde estaba colgado en el parabrisas, y Ommeh se quedó paralizada: uno de sus papás estaba vivo. "¡Él está vivo, está vivo, no murió! ¡Ah!, ¡él sigue vivo!"

Algo milagroso e inexplicable estaba sucediendo: Ommeh experimentó una cálida sensación que subía por su cuerpo, que empezaba por sus pies y terminaba en la coronilla de su cabeza. Esta sensación fue increíblemente poderosa, como si una descarga eléctrica estuviera tomando el control de todo su cuerpo, pero sin perder la conciencia de sí misma. Ommeh sintió los movimientos de esta enorme energía como si se estuviera transformado en algo que tenia poder sobrehumano. Sin temor a fallar, sintió como su cuerpo se dirigía a la puerta atorada, tomó la manija y milagrosamente abrió la puerta con facilidad, como si ésta fuera de papel. Sorprendida, pensó y se preguntó: "¿Qué cosa me está pasando?" "¿Qué estoy sintiendo?" Abrió la puerta del coche, salió fuera y fue al asiento donde su papá se mantenía casi inconsciente. Tomó la manija para abrir la puerta, y de nuevo, sin ningún esfuerzo, pudo abrirla. Sus manos se habían transformado en súpermanos, algo que Ommeh no había experimentado nunca antes.

Estaba muy contenta con el súper poder que tenía en las manos, pues esas cosas sólo se veían en películas o caricaturas. "¿Pero cómo es esto posible?," se preguntaba. Era imposible, pero decidió no enfocarse en eso sino en sacar a su papa lo más pronto posible, antes de que el coche explotara. Ommeh se paró al lado de su padre, lo agarró por los hombros, lo empujó para adelante, puso sus pequeños brazos alrededor de su pecho y lo jaló hacia ella, hacia su pecho para así poder agarrarlo bien. No podía creerlo: sacó del coche a su papá que pesaba ochenta y cinco kilos arrastrándolo por la arena del desierto y lo dejó en un lugar seguro. Estaba sorprendida de lo que había hecho. Se sentía grande dentro de sí misma, pero al mismo tiempo mantenía la calma. A pesar de que no comprendía lo que acababa de pasar, en su corazón sentía que nunca más volvería a sentir miedo.

Ommeh se sentía segura de sí misma y decidió correr al coche para recoger su almohadita. Algo Llamó su atención en el asiento trasero algo brilloso. Era el monedero de su mamá que se había caído durante el accidente de adentro de su cartera. Zaman había puesto el dinero del viaje y algunas joyas en él. Ommeh lo tomó rápidamente y corrió para reunirse con su padre. Le agarró la mano a su papa y vio entonces que muchas personas se reunían para ver lo que había pasado.

Ommeh oyó a gente que gritaba con horror, poniéndose las manos sobre la cabeza: "¡Ay Dios, ay Dios mío!." Nadie parecía saber qué hacer ni cómo ayudar. Las caras de las personas tenían la misma expresión llenas de horror en sus ojos y bocas; mientras miraban los coches destruidos, a las víctimas del accidente y el humo. El primer hombre que llegó al lugar donde estaba se dirigió a ella y le preguntó: "¿Cómo lo hiciste? Yo vi cómo sacabas a tu papá del coche. Eres una niña muy joven, ¿cuántos años tienes? Ommeh miró fijamente al hombre que estaba enfrente de ella, y con una sonrisa, le dijo: "Tengo siete años y media." El hombre estaba sin palabras, no podía comprender lo que había visto y lo que acababa de oír. Este hombre era el conductor del coche que iba delante del BMW y fue el primero que paró y vino al sitio del accidente. Él también fue el único que vio el "súper poder" de la niña y lo que hizo durante el rescate. Los conductores de los otros coches estaban ocupados pensando cómo sacar a la mamá de Ommeh y a los otros pasajeros de los coches. Ommeh se sintió tranquila en ese instante y veía con atención lo que estaba pasando, mientras sostenía la mano de su papá, quien todavía tenía los ojos cerrados y murmuraba algo que no alcanzaba a entender bien. Ommeh pensó que probablemente su papá estaba soñando.

Un par de hombres finalmente fueron capaces de abrir la puerta delantera del coche marrón y de sacar a Zaman, cuyo cuerpo estaba inerte, poniéndolo en el asiento delantero de otro coche. Ommeh casi no podía sostener los ojos abiertos al ver la sangre que corría por la cara de su mamá. Sintió estar viviendo el momento más triste de su vida. Uno de los hombres vino hacia Ommeh para decirle: "Ven conmigo, los voy a llevar al hospital más cercano." Ommeh se paró tomada de la mano de su padre, mientras que el hombre los ponía a todos en su auto donde también estaba el cuerpo de su mamá. Mientras el coche se dirigía al hospital, Ommeh miraba hacia el sitio del accidente. Se sentía en calma al ver que todos habían salido ya del sitio antes de que los coches explotaran.

La ciudad más cercana estaba a unos cuarenta y cinco minutos. Era una ciudad pobre con un hospital pequeño que tenía solamente una sala de operación, seis habitaciones para tratamiento, dos doctores y cuatro enfermeras. El conductor del coche se paró en éste hospital y buscó de inmediato ayuda. Cinco personas con uniformes blancos y dos camillas salieron; tres de ellos sacaron a Zaman del coche, la pusieron en una camilla y la llevaron adentro, mientras que los otros dos sacaron a Eza y lo pusieron en otra camilla. Ommeh salió rápidamente y se quedó junto a la camilla de su padre, llevando su almohadita y el monedero. Eza fue llevado a una habitación para darle atención.

Una enfermera se acercó a Ommeh y le dijo que le ayudaría a limpiarse un poco mientras su padre entraba a la Sala de Operaciones. Ommeh miró a la enfermera con temor, y le dijo: "Si voy contigo, mi padre también va a morir." Ommeh se sintió confundida, ya que sus padres siempre le habían dicho que no fuera a ningún sitio con desconocidos, pero en esos momentos los dos estaban inconscientes y ella estaba sola en ese hospital, en una ciudad lejana. Todo lo que había pasado se hizo realidad en la mente de Ommeh y empezó a llorar. La enfermera, que era muy amable, tomó a Ommeh en sus brazos, y le dijo: "Mi querida pequeña, tu mamá no murió, ella está viva." Ommeh miró fijamente a la enfermera sin creer lo que oía. Todo este bien Ommeh había estado segura de que su madre había muerto, sobre todo cuando vio toda la sangre en su rostro. Sintió una alegría inmensa y abrazó a la enfermera diciéndole que ésa era la mejor noticia que había recibido en su vida. Sonrió, se limpió las lágrimas de su cara y fue con la enfermera a lavarse un poco y a que le realizaran un examen médico.

Durante los dos días siguientes, Zaman y Eza estuvieron inconscientes en la Sala de Terapia Intensiva. Como era un hospital pequeño y con recursos muy limitados en una ciudad pobre, era muy importante que sus papás fueran trasladados a un hospital de mayor capacidad para realizarles las cirugías que necesitaban. En éste hospital había cucarachas y Ommeh les tenía miedo, ya que se veían grandes y tenían alas, así que se cubría la cabeza con su almohadita para que las cucarachas no fueran a volar y a enredarse en su cabello. Las enfermeras y los doctores intentaban mantenerla ocupada con diferentes actividades mientras atendían a sus papas. Ommeh se hizo amiga de todas las personas en el hospital. No había visto a sus padres por dos días, pero por dentro estaba contenta de que sus papás estuvieran vivos y de no haberse quedado sola. Ya no tenía miedo.

Al tercer día, el padre de Ommeh fue el primero en recobrar la conciencia. Tenía puntos en la cara y muchas vendas; uno de sus brazos estaba roto y cubierto con un yeso. Ommeh estaba tan sorprendida y contenta cuando le dijeron que estaba despierto que fue corriendo a la habitación de su papá. Brincó en la cama sin pensar en nada más y le preguntó: "¿Papá, papá, a quién le estabas hablando? Su papá, confundido, le dijo: "¿Qué, de qué estás hablando?" ¿Por qué estoy aquí? ¿Qué ha pasado? ¿Dónde está Zaman?," pero Ommeh, continuaba: "Papá, tuvimos un accidente en el coche y cuando te saqué del coche tú le estabas hablando a alguien, ¿a quién le hablabas?, ¿por qué le decías que no querías regresar?, ¿regresar a dónde?" Eza miraba a Ommeh y lentamente empezó a recordar el accidente. Le preguntó: "¿Tú me sacaste del coche?, ¿tú sola?, ¿cómo? ¡Eso es imposible!"

La enfermera que estaba al lado, le dijo: "Sí, es verdad." La enfermera también le contó que habían tenido un accidente a unos cuarenta minutos del hospital, que la gente que viajaba en el coche color naranja no había sobrevivido, que su esposa estaba todavía inconsciente en terapia intensiva, pero que a su hija no le había pasado nada. También le dijo que la primera persona que llegó al lugar del accidente no podía creer cómo su hija lo había sacado del coche poniéndolo a salvo en el desierto. Las personas que vieron el accidente no podían explicarse cómo esa Niña tan pequeña lo había podido sacar sola del carro, y habían dicho que Ommeh tenía un "súper poder." Ommeh miró a su papa con ojos brillosos de alegría.

Más tarde, el doctor responsable les dijo que Zaman ya había despertado y que la podían ver brevemente, ya que su condición todavía no era buena. Ommeh brincó de alegría al oír las buenas noticias y le dijo a su papá: "Ves papá, esto es maravilloso, mamá está mejor, vamos a verla, vamos ahora." Los ojos de Eza se llenaron de lágrimas y lentamente se levantó de la cama sosteniendo la manita de Ommeh.

Conforme iban caminando por el pasillo y para cuando llegaron a la entrada de la habitación, Ommeh se había escondió detrás de las piernas de su papá. Sintió mucha angustia al ver la cara de Zaman hinchada y moreteada por los golpes del accidente. La mamá de Ommeh parecía un monstruo, llena de vendas, puntos de suturas y una vendotas grande alrededor de la cara que la hacía parecer una momia. Una de sus piernas estaba con un yeso blanco atada con un cordón desde el techo y su brazo izquierdo estaba enyesado también, pero la voz de Zaman era la misma. Zaman miro a Eza, y le dijo: "Eza, mira cómo te ves, te ves feo y cansado." Eza se sonrió y le dijo a Zaman: "Mi amor, yo estoy herido y abatido, pero tendrías que mirarte en un espejo para que veas cómo estás tú." Estaban bromeando, y desde luego Zaman no le dio importancia. Ella sabía que su cara estaba entumecida, pero no se imaginaba cómo se veía. Zaman miró a Ommeh, y le dijo: "Hola, mi hijita querida, ¿por qué te estás escondiendo detrás de papá? Acércate a mí, te extraño mucho." Ommeh permaneció detrás de las piernas de su papá escondida. La voz era la de su mamá, pero la cara no se parecía nada a ella. Eza caminó lentamente arrastrando su pierna y ayudándose de la mano de Ommeh, hasta que finalmente llegó hasta donde estaba Zaman. La abrazó y lloro de felicidad al ver que su esposa estaba con ellos. Ommeh llegó hasta la cama de su mamá, finalmente, y se recostó en su vientre sin mirarle la cara. Los tres se reunieron y se soltaron llorando, pero al mismo tiempo sentían mucho agradecimiento porque estaban juntos y porque Gogol estaba bien en casa de Maman.

A la mañana siguiente, A Ommeh la despertaron unos ruidos en el pasillo. Se levantó de la cama donde dormía al lado de su mamá, cogió su almohadita y empezó a caminar a ver qué pasaba. Al llegar al final del pasillo, vio que dos de las enfermeras y uno de los doctores estaban hablando con dos hombres que tenían un lápiz y una libreta en sus manos. Ommeh les dijo: "Hola . . . ¿qué está pasando?." Los dos hombres se acercaron a Ommeh y le preguntaron: "¿Tú eres la niña que sacó a su papá del coche?"

Ommeh dijo: "Sí."

Uno de ellos le preguntó: "¿Cómo lo hiciste? Yo quiero escribir sobre eso." Ommeh miró a los dos hombres con sus enormes ojos, y les dijo: "Sentí algo dentro de mí y pude hacerlo." Los hombres miraron a Ommeh, y sonrieron.

En los tres días que habían estado en el hospital, Zaman y Eza no habían podido comunicarse con su familia en Tehran para contarles del accidente. Los padres de Ommeh no tenían teléfono en la casa de Karaj, que estaba a unos treinta minutos de Iran. Usaban teléfonos públicos cuando necesitaban comunicarse. Ahora los dos, Zaman y Eza tenían que ser trasladados a un hospital más grande en Tehran, ya que requerían cirugías adicionales. Con la ayuda de los empleados del hospital, Eza finalmente pudo contactar a un primo de Zaman en Shiraz, con el cual se suponía que iban a pasar un tiempo durante el viaje. Estaban muy preocupados cuando Ommeh y su familia no llegaron como esperaban. Se sintieron muy mal por el accidente, pero al mismo tiempo agradecidos de que estuvieran vivos.

Días después, Abli, el hermano del Zaman que vivía en Tehran, apareció sorpresivamente en el hospital. Ommeh creyó que era una equivocación ver a su tío ahí esa mañana. Ella corrió hacia él, brincó a sus brazos y se abrazaron. Abli le dijo a Ommeh que había sabido del accidente por de su primo Sheen, que había llamado desde Iran para decirle lo que había pasado. También había sido interesante enterarse de que hubo un artículo en el periódico de Tehran sobre el accidente, y sobre cómo una niña pequeña con "súper poderes" había salvado a sus padres y no había sufrido ningún daño, ninguna herida. El tío sabía que sólo había una niña que se ajustaba a esa descripción: por supuesto, Ommeh, su sobrina. Él vino con la intención de llevarlos en avión a Tehran, y Ommeh estaba muy contenta de ver a su tío y de saber que iban a regresar a casa.

En la tarde, Ommeh se despidió con abrazos de las enfermeras y doctores que los habían cuidado por siete días. Les dijo adiós sonriendo y sintiéndose muy contenta porque pronto iba a ver a su hermano, Gogol. Lo había extrañado mucho y agradecía que Gogol no hubiera estado en el coche con ellos cuando tuvieron el accidente, porque quizás no hubiese sobrevivido. Ommeh pensó que quizás Gogol había sentido lo mismo que ella sintió antes del accidente . . . algo malo, y que fue por eso que no había querido ir con ellos. "Él fue más listo." Ommeh, sus padres y su tío se dirigieron por fin al aeropuerto para tomar el avión que los llevaría a Tehran, donde Zaman y Eza irían directamente al hospital principal para otras cirugías.

Mientras Ommeh miraba por la ventana del avión la caída del sol con sus colores impresionantes, se preguntó por un minuto si estaba soñando o si en realidad el accidente que había sucedido. Miró a la derecha y vio a sus padres y a su tío con las cabezas recostadas en sus asientos con los ojos cerrados, como si finalmente consiguieran algún descanso. Al darse cuenta de que no había sido un sueño, Ommeh sonrió por dentro mientras las lágrimas corrían por sus ojos. A pesar de que esos últimos siete días habían sido los más duros de su vida, Ommeh estaba contenta por lo que había pasado. No sólo sus padres estaban vivos, los dos, sino que Ommeh había tenido la experiencia de haberse transformado en un "superhéroe," algo que jamás pensó que pudiera sucederle y que había sido asombroso.

Esa experiencia le había demostrado que la fortaleza y el coraje necesarios para vencer cualquier obstáculo en la vida estaban dentro de ella; le pertenecían. Ommeh también aprendió que tenía la habilidad para lograr cualquier cosa que su corazón deseara, simplemente porque creía en ella misma y en sus poderes . . . de ahí en adelante, lo único que tenía que hacer cuando los necesitara, era "Sacar ese 'súper poder', esa fortaleza, desde su interior . . . "

Una nota personal de Honi

Asi como Ommeh, todos ustedes tienen un superhéroe interior que es único para usted, que reside en el centro de tu corazón. La clave es creer totalmente en ti mismo y confiar en tus sentimientos. Disfrutar de este poderoso regalo súper humanos que se reconocen a ustedes ya saben que pueden acceder llamando para arriba En los momentos de necesidad a través de la entrega de su corazón. Mi vida cambió para siempre después de esta experiencia y el viaje de mi vida comenzó a experimentar aventuras de la revolución, la guerra, la emigración a América y mucho más que serán compartidos en los futuros libros.

Con mucho amor de todo corazón, Honi